Faculté de Droit de Paris.

THÈSE

POUR LA LICENCE.

L'Acte public sur les matières ci-après sera soutenu,
le jeudi 11 mai 1854, à neuf heures,

Par Louis-Nicolas FRÉDAULT, né à Paris.

Président : **M. DURANTON**, Professeur.

Suffragants :
MM. **DEMANTE,**
OUDOT, — Professeurs.
PERREYVE,
FERRY. — Suppléant.

*Le Candidat répondra en outre aux questions qui lui seront faites
sur les autres matières de l'enseignement.*

PARIS.

VINCHON, FILS ET SUCCESSEUR DE Mme Ve BALLARD,
Imprimeur de la Faculté de Droit,
RUE J.-J. ROUSSEAU, 8.

1854.

2209

A LA MÉMOIRE DE MA MÈRE.

———

A MON PÈRE.

———

A MON FRÈRE.

——

A Mme DÉFOURNEAUX, ma Tante.

JUS ROMANUM.

TIT. 4.

DE DOTE PRÆLEGATA

Sub hoc titulo videndum est de tribus legatæ dotis speciebus.

I. *Dos a marito uxori legata dicitur relegari aut prælegari.*

Dote relegata, verum est id dotis legato inesse] quod actioni de dote inerat; et dotis relegatio ita valet si ipsi uxori, cui dos relegatur, actio de dote competit.

Quidnam igitur est prælegatæ dotis commodum ? Est et illud quod dos relegata statim præstari debeat, quæ alioquin tribus annuis pensionibus, postea post annum, actione dotis præstaretur; 2° nulla fit retentio ob res donatas, si modo voluntatem non mutavit testator; 3° nulla in legato dotis retentio fit ob impensas, si duntaxat utiles; 4° in quantum facere potest debitor condemnatio filius judicio dotis et jam adversus heredem, at actio ex testamento solidum legatum persequitur; 5° postremo, pacta quæ dotibus adjici solent in legatis non obtinent.

Interdum dos ipsa relegatur, interdum autem certa res aut pecunia pro dote. A dotis vero relegatione valde differt legatum certæ rei aut pecuniæ pro dote relictum : hoc enim debetur quamvis ad virum dos non pervenerit, aut minus etiamve nihil in dote fuerit. Hinc tale legatum interitu rerum dotalium non minui.

II. *Dos a mariti patre, qui eam jure potestatis acquisivit, relinquitur nurui suæ aut filio suo.*

1° Si nurui, et jus actionis de dote socer relegare voluerit, inutile erit legatum ; utile vero, si dotalem pecuniam. Et maritus quoque persecutionem dotis habebit, sive familiæ erciscundæ judicio hæres institutus, sive non utili actione. Mulier autem aut maritus qui prior agat, cavere debebit hæredi adversus posterius agentem.

Quæ pecunia dotalis legata Falcidiam passura est, quia adhuc constante matrimonio indebitum legatur. Si dos alii legata esset qui rogatus fuerit eam mulieri restituere, Falcidia quoque locum habet; mulier autem actione dotis consecutura est quod minus est in fideicommisso. Per contrarium, si mulieri dos relegata sit eaque rogata quam dotem restituere, Falcidia locum non habet, quia fideicommissum ipsum non valet.

2° Si filio exheredato, legatum sub ea lege debetur ut caveat maritus de defendendis hæredibus adversus mulierem. Omissa vero cautione et dote a marito recepta, non repetetur solutum, sed hæredi subveniendum esse constat condictione incerta ad cautionem. Quod si patris hæres solvendo non sit, mulieri dabitur adversus maritum utilis actio dotis.

Si priusquam legatum filio solveretur, mulier dotem suam

recuperavit, frustra filius de legato aget. Si nondum quidem mulier recepit dotem, jam soluto scilicet matrimonio debitam, utile erit legatum propter commodum repræsentationis.

III. *Dos a patre mulieris, debitore dotis, legata est marito aut filiæ.*

Quam pater dotem pro filia promisit, si marito legavit, nullum est legatum; valet autem si quidem filiæ. Et mulier, agens ex causa legati, ni ostenderit hoc animo testatorem fuisse ut ei legatum duplicaret, non cogebitur hæres legatum solvere quam si caverit indemnem eum hoc nomine fore adversus maritum ex promissione agentem. Maritus autem, si prior agat, hæredi cavere non cogebitur, et mulier postea agens exceptione doli repelletur.

TITULUS III.

DE OPTIONE VEL ELECTIONE LEGATA.

Quo in titulo tria legata explicantur natura diversa.

I. *Legatum optionis seu electionis.* —Hoc est quum nominatim optio ipsa seu electio rerum ex universo generé aliquo eligendarum relinquitur. Nec interest utrum ipsi legatario an alteri optio deferatur.

Optione legata, id demum quod electum fuerit relictum videtur. Hinc jure Pandectarum legatum illud hanc conditionem continet, *si optaverit* is in quem optio fuerit collata. Dies igitur non cedit nisi ex quo facta est optio; interim vero agere potest legatarius ut sibi exhibeatur. Quod si genus, cujus optio legata est, ad eum specierum numerum qui optandus relictus est redactum sit, placuit legatum optionis non solum non intercedere, sed ex conditionali purum fieri.

Constituit Justinianus legatum optionis non amplius videri conditionale sed pure relictum, facultatemque eligendi ad hæredem transire.

Optio olim solemniter fiebat et actus erat legitimus; electio vero facultatis erat arbitriæ : sublatis demum solemnitatibus, de utroque promiscue agendum est.

Optio ante aditam hæreditatem frustra fit, si unus legatarius, res in promptu est; si pluribus legatum fuit, necesse est ut omnes in electione consentiant. Quod si dissentirent, jure veteri dubitabatur quid juris esset, et plerique prudentes legatarios sibi mutuo obstare censebant; Justiniano jure sibi non obstant, sed hoc casu is eliget quem sors prætulerit, et cæteris præstabit contingentium eis partium æstimationem. Idem sancitur cum inter plures unius legatarii hæredes concursus fit.

Quo in legato, ni mutaverit voluntatem testator, electio defertur legatario ut is eligat quam volet rem, vel optimam.

Adita hæreditate, tamdiu eligi potest quamdiu facultas eligendi non sit consumpta; consumetur autem electione semel facta, si omnibus exhibitis optatum fuerit et id quod optari poterat; consumetur quoque lapsu temporis quod statuerit ad eligendum prætor, nisi omnia in integro sint.

II. *Legatum generis.* — Sic legatur quum res alicujus generis nulla certa determinata specie relinquitur. Jure Pandectarum differt hoc legatum a legato optionis, quia purum.

Cujus sit electio quum jure veteri e natura legati appareret, Justiniano jure dictum fuit electionem ejus imprimis esse cui potestas sit qua actione uti velit, id est legatarii, nisi aliud testator statuerit. Id quoque servandum est ne optimum vel pessimum detrahatur.

A legato generis liberatio contingit speciei solutione; quæ

vero solutio oportet ut sit efficax et bona fide facta. Quod si per legatarium stetisset quominus legatum acciperet, cum hæres tradere voluerit, posteaque res interierit, non ipso jure quidem hæredi liberatio fit; cui vero exceptio doli mali proderit.

III. *Legatum alternativum.* — Alternative legatur, quum duæ pluresve certæ speciei res relinquuntur ea lege ut, una vindicata vel præstita, extinguatur legatum in altera. Interim autem utraque res debetur; unde si legatum in una interierit, manebit efficax in altera.

Quamvis autem duæ res alternative sint relictæ, si quidem per damnationem et altera alteri insit simplex legatum erit, scilicet solius rei minoris quæ majori inest; secus vero si electio sit legatarii.

Dies legati alternative non cedit nisi electioni locus sit ex rebus alternative relictis; at necesse non est electionem jam esse factam; in quo distat hoc legatum a legato optionis.

Electio est legatarii, dummodo testator aliud non significaverit. Ex rebus alternative relictis, solida res eligi debet, non pars unius et pars alterius.

Electione efficitur ut res semel electa sola deberi incipiat; quæ vero facultas eligendi alterutra re vindicata vel soluta consumitur, hæredique liberatio contingit.

QUÆSTIONES.

Maritus uxori pro dote relegavit centum quæ in arca habebat; si nulla sint, num valeat legatum? — Valet.

II. Quum maritus aliquid uxori pro dote relegat, aliasque nihil in dote fuerit, num Falcidia locum habeat? — Locum non habet.

III. Socer filio suo exhæredato dotem nurus relegavit et filio dos soluta fuit; nonne poterit mulier postea cum hæredibus rei uxoriæ actione agere ? — Poterit.

IV. Pater dotem pro filia promisit et dotem relagavit, eritne utile legatum? — Utile erit Justinianeo jure.

V. Cum optio servorum data fuerit et tota familia ad unum servum reciderit, valetne legatum? — Valet.

VI. Servo generaliter legato, nullus in hæreditate est; cujus electio est? — Hæredis.

VII. Servo generaliter legato, num poterit legatarius actorem eligere? — Non poterit.

DROIT FRANÇAIS.

Le Code reconnaît deux manières de disposer de ses biens à titre gratuit : la donation entre vifs et le testament. A ce dernier mode est consacrée cette thèse, où j'ai à rechercher les principes relatifs aux différentes formes de testaments, aux dispositions qu'ils peuvent contenir, à leurs effets ; sujet limité par les textes suivants :

(Code civil, art. 967 à 1034; loi du 25 ventôse an XI, t. I, art. 1 à 30, 68; ordonnance de la marine de 1681, liv. I, tit. IX, art. 24. Loi du 3 mars 1833, art. 19.)

Le législateur moderne, en consacrant la faculté de tester comme conséquence naturelle et légitime du droit de propriété, a cependant voulu y apporter des restrictions ; c'est ainsi qu'il a déterminé quant aux personnes la capacité de disposer et de recevoir, quant aux biens la quotité disponible, et posé les règles relatives aux formes des actes et à l'effet des dispositions qu'ils peuvent contenir.

Le testament est défini à l'art. 895 : un acte par lequel le testateur dispose pour le temps où il ne sera plus de tout ou partie de ses biens et qu'il peut révoquer.

Le Code, en permettant au testateur de disposer au moment de sa mort de tout ou partie de ses biens, s'est ainsi écarté du système romain sur les testaments, dont néanmoins il empruntait le terme. La loi romaine, en concédant la libre faculté de tester, et mettant en première ligne la succession testamentaire, comme l'indique cette disposition de la loi des Douze-Tables : *uti legassit super pecunia tutelave suæ rei, ita jus esto*, exigeait comme condition première de la validité du testament, qu'il y eût un héritier institué, et ne souffrait pas qu'un citoyen mourût partie *testat* et partie *intestat*. Mais le législateur français, loin d'admettre, comme à Rome, que l'hérédité testamentaire l'emportât sur celle *ab intestat*, a préféré adopter la maxime de nos vieilles coutumes nationales : qu'il n'y a d'héritier que celui que la loi appelle à la succession d'un défunt. Dès lors, l'institution d'héritier dans un testament devait être écartée, comme nous le voyons à l'art. 1002. Toutefois, il n'y avait pas lieu de montrer, à l'égard des formes, la même sévérité que certaines coutumes, qui allaient jusqu'à déclarer nulle toute disposition de dernière volonté, parce qu'elle était faite en la forme d'institution d'héritier. Aussi, est-il écrit, dans l'art. 967, qu'un testateur peut faire ses dispositions testamentaires, aussi bien sous cette dénomination que sous toute autre propre à manifester sa volonté.

DE LA FORME DES TESTAMENTS.

Règles générales. — Au point de vue des formes qu'elle prescrit, la loi distingue les testaments ordinaires et les testaments exceptionnels ou privilégiés, mais elle les soumet aux règles générales suivantes :

1° Les formalités auxquelles ils sont assujettis doivent être observées à peine de nullité (art. 1001), ce qui, toutefois, ne doit s'entendre que des formes constitutives.

2° Le Code, art. 998, suppose la nécessité de la rédaction par écrit, même pour les testaments les plus favorisés, et adopte ainsi l'esprit de l'art. 1er de l'ordonnance de 1735. L'écrit appartenant à la forme même de la disposition, l'ordonnance rejetait la preuve par témoins de toute disposition valable; il en est de même aujourd'hui.

3° L'art. 968 du Code, comme l'art. 77 de l'ordonnance précitée, prohibe l'usage des testaments conjonctifs. « Il fallait interdire une forme incompatible soit avec la bonne foi, soit avec la nature des testaments. »

1° *Testaments ordinaires.*

Le Code reconnaît trois espèces de testaments ordinaires :

I. *Le testament olographe.* — C'est, comme son nom l'indique, celui que le testateur fait seul, sans intervention de témoins ni d'officier public; son utilité ressort de sa définition.

L'art. 970 du Code, comme l'art. 20 de l'ordonnance de 1735, ne requiert rien autre chose touchant sa forme, sinon qu'il soit entièrement écrit, daté et signé de la main du testateur. Un seul mot tracé par une main étrangère rendrait nul le testament, pourvu toutefois qu'il soit constant que ce mot en fait partie, *puta*, par l'approbation que le testateur en aurait faite, comme le dit Pothier. Les interlignes, surcharges, renvois, ratures, provenant du fait du testateur, n'ont d'autre influence sur le testament, que celle résultant de leur existence, et des modifications qui en découlent.

La date s'entend de l'indication des jour, mois et an, comme le voulait l'art. 38 de l'ordonnance; mais le silence du Code à cet égard permet de préciser l'époque d'une manière équivalente.

Il ne peut être question, sous l'empire du Code, de savoir si l'expression du lieu où le testament olographe a été fait, est nécessaire à sa validité, puisque le principal avantage de cette forme est de procurer la faculté de tester en tous lieux, comme à tous les instants de la vie.

La signature consiste dans l'apposition de signes écrits employés d'habitude par le testateur pour certifier sa présence aux divers actes où il a pu figurer, et d'ordinaire, dans l'inscription de son nom de famille.

La signature comme la date doit se rapporter à toutes les dispositions de l'acte; mais s'il est admis que celle-ci peut être placée en tête, celle-là doit rigoureusement se trouver à la fin de l'écrit, dont elle est le complément et la perfection.

Il faut observer, avant tout, que l'acte doit constituer un testament, c'est-à-dire indiquer l'intention de disposer, de léguer actuellement, et non pas le projet de faire plus tard des dispositions au profit de personnes désignées. Du reste, cette intention peut aujourd'hui, contrairement à la défense insérée dans l'art. 3 de l'ordonnance, être relatée dans une lettre missive rédigée dans les formes prescrites pour le testament olographe.

Ce testament n'est qu'un acte sous seing privé (art. 999); dès lors il n'y a pas lieu de recourir à la procédure de l'inscription en faux pour le combattre; les héritiers légitimes du testateur peuvent refuser de reconnaître l'écriture et la signature, et contester la sincérité de la date par des moyens ordinaires; c'est au légataire, qui invoque le testament, à en établir la véracité contre les héritiers dont le droit à la succession *ab intestat* du *de cujus* est reconnu. Quant à la signature, il peut administrer la preuve de sa sincérité, soit par témoins, soit par des moyens tirés de l'art. 1353.

II. *Testament par acte public.* — Comme la précédente, cette forme a été empruntée au droit coutumier, sauf que le Code a introduit solennité plus grande. Le testament par acte public est celui qui est reçu par deux notaires en présence de deux témoins, ou par un notaire en présence de quatre témoins (art. 971). Il est donc soumis, comme acte notarié, aux formalités prescrites par la loi du 25 ventôse an XI ; comme testament, aux règles spéciales du Code ; toutefois la première loi cesse d'être applicable quant aux points que la seconde a réglementés.

Le testateur doit dicter lui-même ses dispositions et le notaire les écrire lui-même telles qu'elles lui sont dictées et sur le champ. Un arrêté du 24 prairial an IX exige que la rédaction soit faite en français, sauf, dans le cas où la dictée a lieu en langue étrangère, à insérer la traduction étrangère en marge de la minute française ; mais il faut observer que l'arrêté ni aucun texte législatif ne prononce de peine pour le cas où l'acte lui-même serait reçu en langue étrangère.

Le notaire doit ensuite faire lecture de l'acte au testateur en présence des témoins, puis mentionner, en termes exprès, l'accomplissement des formalités exigées par la loi (art. 972).

Enfin, le testament doit être signé du testateur, des notaires et des témoins. A défaut de la première de ces signatures, mention expresse doit être faite : 1° que le testateur a déclaré ne savoir ou ne pouvoir signer ; 2° et pour quelle cause (art. 973). S'il s'agit d'un testament fait à la campagne, il suffit qu'il soit signé par la moitié des témoins requis (art. 974).

Aux termes de l'art. 980, qui indique les caractères généraux de capacité que doivent offrir tous témoins testamentaires, ceux-ci doivent être français, mâles, majeurs de vingt-et-un ans, jouissant des droits civils ; la loi demande une capacité réelle, effective et non putative, sauf l'application de la maxime : *error communis facit jus*. En dehors des quatre conditions exigées par notre article, les témoins doivent jouir d'une capacité naturelle, savoir signer et comprendre, comme le notaire, la langue française et celle du testateur au cas particulier où celui-ci testerait en idiôme étranger.

La capacité relative des témoins est déterminée par l'art. 975, qui exclut les légataires, leurs parents ou alliés jusqu'au quatrième degré inclusivement, et les clercs des notaires appelés à instrumenter.

Le Code ayant un système spécial sur la capacité des témoins, on ne pourrait donc leur appliquer les art. 9 et 10, 2° al. de la loi de ventôse, à laquelle il faut toutefois recourir pour connaître les règles relatives à la compétence des notaires (art. 5 et 6) ; à leur capacité (art. 8, 10, 52) ; aux diverses énonciations à insérer dans l'acte (art. 12) ; aux conditions matérielles de rédaction (art. 13, 15, 16) ; et enfin la sanction écrite dans l'art. 68.

III. *Testament mystique.* — Ce mode de tester qui comporte le double avantage du secret et de l'authencité, se compose de plusieurs formalités qui doivent être remplies de suite et sans divertir à d'autres actes, règle dont l'origine remonte aux testaments *calatis comitiis*, et *per œs et libram* du vieux droit romain, et qui se retrouve au nombre de celles exigées par l'ordonnance de 1735, pour le testament mystique dans les provinces de droit écrit.

Le testateur présente à un notaire et à six témoins l'acte contenant les dispositions, signé de sa main, en leur déclarant que c'est son testament écrit par lui ou tout autre, mais signé de lui. Le papier doit être présenté clos et scellé, sinon il le sera en présence du notaire et des témoins.

Le notaire dresse ensuite, au dos de la feuille testamentaire ou de son enveloppe, l'acte de suscription constatant la clôture et le scel du testament, la présentation et la déclaration faites par le testateur: puis celui-ci, le notaire et les témoins y apposent leurs seings.

Si, par empêchement survenu depuis la signature du testament, le testateur ne peut signer l'acte de suscription, il sera simplement fait mention de sa déclaration à cet égard; que si l'empêchement existait à l'époque de la confection du testament, il faut appeler un septième témoin qui signera avec les autres, et en mentionner la cause (art. 977). Mais il faut observer que le testateur doit au moins pouvoir lire (art. 978), sans quoi il ne saurait constater la valeur du papier présenté au notaire.

Les règles ci-dessus reçoivent modification au cas où le testateur ne peut parler mais sait écrire; le testament doit alors être entièrement écrit, daté et signé de sa main; il relate en haut de l'acte de suscription que le papier qu'il présente est son testament, et il est fait mention que ces mots ont été écrits en présence du notaire et des témoins (art. 979).

Le testament mystique se compose donc de deux parties distinctes, l'écrit testamentaire et l'acte de suscription; distinction qui peut servir à résoudre la question de savoir si dans le cas de nullité du testament comme mystique, l'écrit qu'il contient peut valoir comme testament olographe. D'ailleurs le Code n'exige rien de cet écrit, et laisse l'acte de-suscription soumis aux prescriptions de la loi de ventôse, qui régit aussi la capacité relative des témoins. Il faut observer cependant sur l'art. 10 de cette loi, que l'incapacité résultant de la qualité de parent, d'allié ou de serviteur des légataires, ne peut être admise en cas de testament mystique, dont le secret légal s'y oppose: aussi bien cet art. 10 ne parle que des parties à l'acte et le testateur est ici le seul qui ait cette qualité.

2° *Testaments privilégiés.*

La loi devait prévoir et a prévu dans une section spéciale quatre circonstances différentes qui, ne permettant pas d'appliquer les formes rigoureusement prescrites des testaments ordinaires, sauf cependant de l'olographe, constituaient ainsi d'injustes incapacités. Aussi, faisant fléchir la rigueur du droit sous l'exigence de la situation, a-t-elle disposé des formes simples et faciles dans les quatre cas suivants, qui sont, en conséquence, dits exceptionnels ou privilégiés.

1° *Testament militaire.* — Il n'est permis qu'aux militaires et individus employés dans les armées, et dans des cas spéciaux (art. 983). Il est reçu par les personnes désignées à l'art. 981, modifié par l'ordonnance du 29 juillet 1817, et à l'art. 982. Le testament militaire cesse d'avoir effet dans le cas de l'art. 984.

2° *Testament fait en temps de peste ou de toute autre maladie contagieuse.* — Toute personne, se trouvant dans un lieu avec lequel toute communication est interceptée à cause de peste ou autre maladie contagieuse, peut tester devant le juge de paix ou son suppléant, ou devant l'un des officiers municipaux, chacun assisté de deux témoins (art. 985, 986). Les membres des autorités sanitaires exercent les mêmes fonctions d'officier public dans les lazarets et autres lieux réservés (L. du 3 mars 1822, art. 15 ; ord. du 7 août 1822, art. 77).

L'art. 987 contient un cas de déchéance de cette seconde forme privilégiée.

3° *Testament maritime.* — Les testaments faits sur mer par les passagers ou gens d'équipage, pendant le cours du voyage, sont reçus : 1° à bord des bâtiments de l'État, par le commandant conjointement avec l'officier d'administration, et, à leur défaut, par ceux qui les remplacent dans leurs fonctions ordinaires; 2° à bord des bâtiments de commerce, par l'écrivain du navire assisté du capitaine, ou par leurs suppléants : dans tous ces cas, la loi exige la présence de deux témoins (art. 988 et 989).

Les art. 990-993 ont pour but la conservation du testament maritime et d'assurer son envoi au greffe de la justice de paix du domicile du testateur; ce ne sont pas là des prescriptions de forme qui puissent tomber sous l'application de l'art. 1001.

L'art. 997 indique les personnes qui ne sauraient être instituées légataires dans un testament maritime, et l'art. 996 contient une cause de déchéance de ce testament.

L'art. 994 n'accorde pas le bénéfice de testament maritime à celui qui est fait alors que le navire est en relâche dans un port, soit étranger, soit de domination française, où se trouve un officier public français. En effet, le testament, dans ce cas, doit être reçu par cet officier public, soit agent diplomatique, soit consul, qui est investi de cette charge par l'art. 24, tit. ix, liv. 1, de l'ordonnance de marine de 1681, dont la législation à cet égard se trouve encore en vigueur, comme le prouvent et le Code lui-même et une circulaire ministérielle du 22 mars 1834.

Dans chacune des formes privilégiées ci-dessus, le testament doit être signé par ceux qui le reçoivent et par le testateur. A défaut de la signature de ce dernier, il est fait mention de sa déclaration qu'il ne sait ou ne peut signer, et de la cause qui l'en empêche. La signature des témoins est aussi exigée, ou de l'un d'eux au moins, quand il en est requis deux, mais avec mention, dans ce cas, de la cause qui empêche l'autre de signer (art. 998).

4° *Testament fait à l'étranger.* — L'art. 999 dispose que le Français se trouvant en pays étranger peut tester soit dans la forme olographe, ce qui est une exception faite, en faveur des nationaux, au principe d'après lequel les lois concernant la forme des actes sont de statut réel; soit en forme authentique, avec la solennité usitée dans le lieu où l'acte est passé, par application de la règle *locus regit actum*.

Le testament fait à l'étranger est en outre soumis aux conditions extrinsèques exigées par l'art. 1000, non pour sa validité, mais pour son exécution.

Que devient un testament dressé suivant les prescriptions légales? Il faut distinguer. Le testament par acte public reste entre les mains du notaire qui a instrumenté et doit le conserver au nombre de ses minutes (art. 20 et 22, L. de ventôse). Ce testament est exécutoire par lui-même et sans formalités, à partir du décès du testateur; le notaire qui possède la minute en délivre expédition aux parties intéressées (art. 21, L. de ventôse).

Le testament olographe doit, avant son exécution, être présenté au président du tribunal de l'arrondissement où la succession est ouverte, lequel en fait l'ouverture, dresse procès-verbal de la présentation, de l'ouverture et de l'état du testament, dont il ordonne le dépôt entre les mains d'un notaire qu'il commet à cet effet. Il en est de même à l'égard du testament mystique, sauf que son ouverture doit être faite en présence du notaire et des témoins signataires de l'acte de suscription, ou eux dûment appelés (art. 1007).

Les légataires qui demandent l'exécution du testament doivent préalablement le faire enregistrer, *id est* acquitter un droit de mutation de propriété, dû en principe par celui qui acquiert celle-ci. Le Code a introduit, en faveur des légataires particuliers, la règle que chaque legs peut être enregistré séparément (art. 1016).

La demande en délivrance peut ensuite être formée; les frais sont à la charge de la succession, d'après le principe de l'art. 1248, sans toutefois qu'il puisse en résulter une atteinte à la réserve. Mais, pour ces frais, comme pour ceux d'enregistrement, le testateur peut intervertir l'ordre établi par le Code.

DES DISPOSITIONS TESTAMENTAIRES.

Après avoir réglé les formalités imposées au testateur pour manifester valablement ses dernières volontés, la loi s'occupe de ces volontés et de leurs effets; après la forme, le fond, mais toujours au point de vue des biens que le *de cujus* laisse après lui.

A cet égard, l'art. 1002 renferme cette règle importante : Un testament ne peut contenir que des legs. Par cette disposition, qui complète, pour le fond, celle de l'art. 967 quant à la forme, le Code caractérise bien la succession testamentaire et distingue entre la qualité d'héritier et celle de légataire. Si la loi admet, dans un testament, la dénomination d'héritier, elle ne voit au-dessous qu'un legs et ne lui en accorde que les effets; c'est la théo-rie du droit coutumier exposée par Pothier. Or, qu'est-ce qu'un legs, quels sont ses effets? Un legs est une disposition directe que le testateur fait de tout ou partie de ses biens au profit d'une personne désignée. Un legs est donc une simple succes-sion aux biens, et le légataire, même universel, n'est pas le représentant de la personne du défunt. Mais cela n'empêche point que tout legs, quand il est pur et simple, ne donne au légataire, du jour du décès, un droit à la chose léguée, droit transmissible à ses héritiers ou ayant-cause (art. 1014), droit de propriété (art. 711). Il est vrai que la possession de l'objet légué est diversement acquise, selon qu'il s'agit d'un legs uni-versel, à titre universel ou particulier.

I. *Legs universel.* — Le legs universel est celui qui donne droit, au moins éventuellement, à l'universalité des biens, et par universalité il faut entendre les biens considérés dans leur

ensemble, comme unité et en masse. Il ne faut donc pas rechercher quelle sera, en fait, l'importance du bénéfice à retirer,
mais voir, en droit, s'il y a vocation au tout.

Ainsi, le legs ne cesserait pas d'être universel par cela qu'il
y aurait plusieurs légataires universels ou que ceux-ci se trou-
veraient en présence d'héritiers à réserve; mais, dans ce dernier cas, le legs produirait des effets particuliers.

Lorsqu'il y a des réservataires acceptant la succession, ils
sont saisis de plein droit de tous les biens, et le légataire universel doit leur demander la délivrance; s'il a formé cette
demande dans l'année du décès, la loi lui accorde la jouissance
de sa part de biens à compter de cette époque (art. 1005). S'il
n'y a pas de réservataire venant à la succession, le légataire
universel est saisi de plein droit par la mort du testateur, sans
être tenu de demander la délivrance (art. 1006). Cependant, si
le testament est olographe ou mystique, le légataire est tenu de
se faire envoyer en possession par ordonnance du président,
mise au bas d'une requête à laquelle sera joint l'acte de dépôt
(art. 1008).

Quant aux charges qui incombent au légataire universel, il
faut distinguer, d'une part, si ce légataire vient seul ou en con-
cours avec un réservataire; d'autre part, entre les dettes et les
legs (art. 1009).

Le légataire vient-il seul, il supporte toutes les charges de la
succession, jusqu'à concurrence des biens; vient-il avec d'autres légataires universels ou à titre universel, il supporte une
partie des charges correspondant à la portion active qu'il
recueille.

Se trouve-t-il en présence de réservataires, comme les dettes
doivent être payées par toute la succession, tandis que les legs
ne sont pris que sur le disponible, le légataire universel contribue au paiement des dettes, proportionnellement à sa part

active, et supporte seul les legs. Toutefois, lorsque son legs subit une réduction, la loi lui permet de faire subir une réduction proportionnelle aux legs qui sont à sa charge (art. 926); il les acquittera intégralement dans le cas de l'art. 927.

II. *Legs à titre universel.* — Ce legs, que l'ancien droit confondait avec le précédent, n'est défini par le Code que par énumération. L'art. 1010 admet comme tels ceux d'une fraction du disponible ou de l'universalité, de tous les immeubles ou d'une quote-part, de tous les meubles ou d'une quote-part.

Le légataire à titre universel n'étant jamais appelé à la totalité des biens, ne peut être investi de la saisine, et doit demander la délivrance, soit aux héritiers à réserve et à leur défaut aux légataires universels, soit aux héritiers appelés dans l'ordre établi au titre des successions (art. 1011), soit aux successeurs irréguliers ou au curateur nommé à la succession vacante.

Quant aux fruits, dans le silence du Code, il faut appliquer ici l'art. 1005, à cause du caractère d'universalité du legs et de ses charges, qui, sans compter son origine, le rapprochent plus du legs universel que du legs particulier, et motivent l'admission du bénéfice de l'article précité, tout exceptionnel qu'il soit.

Le légataire à titre universel est en effet tenu, comme le légataire universel, des dettes de la succession, personnellement pour sa part et hypothécairement pour le toút (art. 1012). Il acquitte tous les legs particuliers s'il prend tout le disponible, et, s'il n'en prend qu'une partie, il contribue en proportion avec l'héritier qui recueille l'autre portion : de plus, si son legs est d'une certaine espèce de biens, il est seul chargé des legs particuliers d'objets déterminés de cette espèce, compris dans la succession.

III. *Legs particuliers.* — Le legs particulier est défini négativement celui qui n'est ni universel ni à titre universel.

Le légataire particulier doit toujours demander la délivrance, et n'a droit aux fruits que du jour de cette demande régulièrement formée ou amiablement consentie ; il y aurait droit du jour du décès, s'il se trouvait en possession de l'objet légué, ou si le testateur l'avait expressément ordonné, ou s'il s'agissait d'une pension ou rente viagère léguées à titre d'aliments (art. 1015).

Le légataire particulier a plusieurs actions pour obtenir l'exécution de son legs : 1° une action en revendication, quand l'objet du legs est un corps certain appartenant au testateur , 2° une action personnelle contre les débiteurs du legs, en proportion de ce que chacun prend dans le disponible ; 3° une action hypothécaire, dans tous les cas et contre tout détenteur d'un immeuble de la succession, d'où résulte un droit de préférence, un droit de suite et celui d'agir pour le tout, en quoi la loi a fait ici une fausse application du principe de l'indivisibilité de l'hypothèque (art. 1017). Mais le débiteur du legs, fût-il héritier pur et simple, ne sera jamais tenu d'acquitter le legs *ultra vires bonorum*, car un legs n'est qu'une charge du disponible. .

Le légataire particulier n'est point tenu des dettes de la succession ; mais, outre qu'il peut y contribuer indirectement, il peut encore être exposé à l'action hypothécaire d'un créancier, quand l'immeuble légué est grevé d'un usufruit ou d'une hypothèque, à moins que le testateur n'ait expressément ordonné à celui qui doit acquitter le legs de le dégager ; sans cela, le légataire aurait d'ailleurs un recours contre les successeurs universels (art. 874).

Lorsque l'objet du legs est un corps certain et déterminé , il sera délivré avec ses accessoires nécessaires et dans l'état où il se trouve au jour du décès du testateur. Tel est le principe posé dans l'art. 1010, dont la loi fait l'application aux art. 1019 et 1024. Il faut bien distinguer l'époque du décès, car c'est elle qui fixe le droit de propriété du légataire; jusque-là ce dernier ne peut avoir que des espérances; aussi que la chose se détériore ou s'améliore, et quelle qu'en soit la cause, peu importe. elle est léguée telle qu'elle sera au jour du décès; quant aux changements survenus depuis ce jour, ils profitent au légataire ou sont à sa charge s'ils proviennent de cas fortuits (art. 1042), sinon, il doit une indemnité ou y a droit lui-même (art. 1045).

Ainsi le légataire profitera des améliorations de toutes sortes que le testateur aura réalisées sur le fonds légué; les constructions nouvelles sont même considérées par la loi comme accessoires de ce fonds; il en serait de même s'il s'agissait d'un enclos dont le défunt aurait reculé les clôtures, car il n'y a là qu'un seul et même domaine sur lequel frappera le legs. Il en serait autrement d'un immeuble nouvellement acquis, même contigu à celui du legs (art. 1019).

En droit romain et dans notre ancienne jurisprudence le legs de la chose d'autrui était nul, si le testateur l'avait prise comme sienne, valable dans le cas contraire et toujours si la chose était à l'héritier; mais la difficulté d'apprécier si le testateur avait ou non agi en connaissance de cause était un inconvénient auquel le Code a voulu parer en déclarant dans l'art. 1021 que le legs de la chose d'autrui est nul; d'où il résulte que la prohibition porte sur le legs direct, incertain de la chose d'autrui et que si le testateur voulait sciemment faire un tel legs, en imposant au successeur universel la charge de faire l'acquisition ou de payer l'estimation, le legs serait valable.

Le legs peut comprendre des corps certains et des choses indéterminées dans leur espèce seulement; dans ce dernier cas, si le legs n'indique pas à qui appartient le droit de déterminer la chose, le doute s'interprète en faveur du débiteur qui , s'il n'est pas obligé de donner la meilleure qualité , ne peut aussi faire accepter la pire (art. 1022).

Si le testateur laisse un legs à son créancier, la loi supposant une intention de libéralité, déclare qu'il n'est pas censé fait en compensation de la créance (1023). Ce n'est, au reste, qu'une règle interprétative qui céderait devant l'évidence contraire du legs ; mais, dans ce cas même, le légataire en retirerait avantage.

DES EXÉCUTEURS TESTAMENTAIRES.

Bien que les héritiers se trouvent chargés de droit de l'exécution du testament , il est assez d'usage que le testateur, pour procurer plus sûre, plus prompte et plus diligente exécution de ses dernières volontés, la confie par testament à certaines personnes , appelées pour ce motif exécuteurs testamentaires

Le testateur peut nommer un ou plusieurs exécuteurs testamentaires (art. 1025) ; dans le second cas, il faut distinguer si les fonctions des exécuteurs ont été divisées, chacun doit alors se renfermer dans les limites de son mandat ; si le testateur ne s'en est pas expliqué, chaque exécuteur peut agir seul au défaut des autres, mais alors ils sont tous solidairement responsables du compte du mobilier qui leur a été confié (art. 1033).

La charge d'exécuteur testamentaire est un simple office d'ami, un mandat ; d'où il suit qu'elle peut être refusée, qu'elle ne passe pas aux héritiers (art. 1032), et que les frais en résultant restent à la charge de la succession (art. 1034). Mais c'est un mandat d'une nature particulière, qui ne commence qu'à la mort du mandant , ce qui n'empêche pas le mandataire d'être celui du testateur et non des héritiers ou légataires, auxquels il est imposé et doit néanmoins rendre compte. De plus, l'exécuteur testamentaire doit être au moins capable de s'obliger (art. 1028). De là l'exclusion du mineur, même autorisé de son tuteur ou curateur, et celle de la femme mariée non autorisée de son mari, quand elle n'a pas la pleine propriété de quelques biens, ou seulement de justice dans le cas contraire (art. 1030 et 1029).

Pour garantir l'exécution des legs mobiliers, le Code autorise le testateur à mettre ses biens meubles, pendant une année, sous la garde des exécuteurs. Cette saisine ne leur est pas accordée de plein droit, comme le réglaient certaines coutumes, et n'est point d'ailleurs une vraie possession, mais un dépôt ou séquestre compatible avec la saisine des héritiers, qui, du reste, peuvent faire cesser celle de l'exécuteur en lui offrant une somme suffisante pour acquitter les legs, ou en les acquittant eux-mêmes (art. 1026).

Les droits et obligations des exécuteurs testamentaires sont indiqués à l'art. 1031, aux termes duquel ils doivent : 1° faire apposer les scellés, s'il y a des héritiers mineurs, interdits ou absents; 2° faire procéder, en présence des héritiers ou eux dûment appelés, à l'inventaire des biens de la succession; 3° faire vendre le mobilier, à défaut de deniers suffisants pour acquitter les legs, soit avec le consentement de l'héritier, soit par autorité de justice; 4° veiller à ce que le testament soit exécuté, et par suite intervenir pour en soutenir l'exécution en cas de contestation à ce sujet; 5° rendre compte dès là que leur saisine a cessé.

Le testateur ne saurait donner un mandat de nature à compromettre l'ordre public ou l'intérêt de ceux que l'exécuteur doit représenter ; s'il peut donc dispenser les exécuteurs de l'obligation de l'inventaire, il ne saurait empêcher les héritiers d'y faire procéder eux-mêmes, s'ils le jugent à propos, et ne pourrait jamais dispenser de rendre compte.

Les exécuteurs testamentaires non saisis doivent se borner à surveiller l'exécution du testament, soutenir sa validité et prendre des mesures conservatoires dans l'intérêt des légataires qui leur est confié.

QUESTIONS.

I. Le testament mystique, nul en cette qualité, peut-il valoir comme testament olographe ? — Oui.

II. Le legs de la quotité disponible est-il legs universel ? — Question de fait.

III. Le légataire à titre universel, lorsqu'il a la saisine, est-il tenu des charges de la succession *ultra vires?* — Non.

IV. Le légataire à titre universel a-t-il droit aux fruits depuis le déces du testateur, lorsqu'il forme sa demande dans l'année ? — Oui.

V. L'héritier pur et simple et non réservataire est-il tenu des legs *ultra vires?* — Non.

VI. Le legs de la chose de l'héritier est-il nul ? — Non.

VII. Le testateur peut-il donner à son exécuteur testamentaire la saisine du mobilier pour plus de l'an et jour ? — Non.

VIII. Le testateur peut-il dispenser l'exécuteur testamentaire saisi du mobilier de faire inventaire ? — Oui.

Vu par le Président de la thèse,
DURANTON.

Vu par le Doyen,
C.-A. PELLAT.